BEI GRIN MACHT SICH IHR WISSEN BEZAHLT

- Wir veröffentlichen Ihre Hausarbeit, Bachelor- und Masterarbeit

- Ihr eigenes eBook und Buch - weltweit in allen wichtigen Shops

- Verdienen Sie an jedem Verkauf

Jetzt bei www.GRIN.com hochladen und kostenlos publizieren

Uwe Kruth

Soziale Arbeit während des Nationalsozialismus

GRIN Verlag

Bibliografische Information der Deutschen Nationalbibliothek:

Die Deutsche Bibliothek verzeichnet diese Publikation in der Deutschen Nationalbibliografie; detaillierte bibliografische Daten sind im Internet über http://dnb.d-nb.de/ abrufbar.

Dieses Werk sowie alle darin enthaltenen einzelnen Beiträge und Abbildungen sind urheberrechtlich geschützt. Jede Verwertung, die nicht ausdrücklich vom Urheberrechtsschutz zugelassen ist, bedarf der vorherigen Zustimmung des Verlages. Das gilt insbesondere für Vervielfältigungen, Bearbeitungen, Übersetzungen, Mikroverfilmungen, Auswertungen durch Datenbanken und für die Einspeicherung und Verarbeitung in elektronische Systeme. Alle Rechte, auch die des auszugsweisen Nachdrucks, der fotomechanischen Wiedergabe (einschließlich Mikrokopie) sowie der Auswertung durch Datenbanken oder ähnliche Einrichtungen, vorbehalten.

Impressum:

Copyright © 2007 GRIN Verlag GmbH
Druck und Bindung: Books on Demand GmbH, Norderstedt Germany
ISBN: 978-3-640-84340-4

Dieses Buch bei GRIN:

http://www.grin.com/de/e-book/90599/soziale-arbeit-waehrend-des-nationalsozialismus

GRIN - Your knowledge has value

Der GRIN Verlag publiziert seit 1998 wissenschaftliche Arbeiten von Studenten, Hochschullehrern und anderen Akademikern als eBook und gedrucktes Buch. Die Verlagswebsite www.grin.com ist die ideale Plattform zur Veröffentlichung von Hausarbeiten, Abschlussarbeiten, wissenschaftlichen Aufsätzen, Dissertationen und Fachbüchern.

Besuchen Sie uns im Internet:

http://www.grin.com/

http://www.facebook.com/grincom

http://www.twitter.com/grin_com

Inhaltsverzeichnis

Einleitung .... - 1 -
1. Historische Einordnung .... - 1 -
2. Die Lage der Klientel .... - 2 -
3. Sozialpolitik im Dritten Reich .... - 3 -
    3.1 Familienpolitik während des Nationalsozialismus .... - 5 -
    3.2 Entwicklung der Jugendhilfe .... - 5 -
    3.3 Euthanasie – „Hilfe für die Starken" .... - 6 -
4. Soziale Arbeit im 2. Weltkrieg .... - 7 -
5. Fazit .... - 8 -
Abkürzungsverzeichnis .... - 10 -
Literaturverzeichnis .... - 10 -

Einleitung

In der vorliegenden Arbeit möchte ich mich mit der Geschichte der Sozialen Arbeit während des Nationalsozialismus befassen. Ich werde dazu die Situation der Führsorge während des Faschismus (1933 - 1945) in Deutschland darstellen.
Welche Arbeitsschwerpunkte gab es? Welche Hilfsmöglichkeiten gab es während des 2. Weltkriegs, der nun im Gegensatz zum 1. Weltkrieg auch auf deutschem Boden stattfand und hunderttausende zivile Opfer forderte? Wie standen die Machthaber eines Landes, das Euthanasie durchführte und nur die Starken und Reinrassigen (Arier) förderte, zur Sozialen Arbeit? Hätte das 1000 jährige Reich länger als 12 Jahre existiert, so gäbe es wohl keine Soziale Arbeit mehr in Deutschland.
Welche Lehren kann die Soziale Arbeit aus der Zeit des Nationalsozialismus ziehen?
Um diese Fragen zu klären werde ich zunächst das Thema geschichtlich einordnen und im Anschluss daran, die einzelnen Punkte darstellen. Schließlich soll am Ende ein aktueller Bezug zur Sozialen Arbeit hergestellt werden.

1. Historische Einordnung

Als 1919 mit der Gründung der Weimarer Republik die erste Demokratie in Deutschland entsteht, ist diese von Beginn an geschwächt. Durch die „fesselnden" Versailler Verträge und die darin geforderten Reparaturzahlungen an die Siegermächte, die hohen Kriegsverluste, aber auch das Vielparteiensystem und die von Anfang an starke Inflation nach der Demobilisierungsphase, lassen die Demokratie in Deutschland scheitern, noch eh sie recht Beginnt.
Während sich die beiden großen Parteien KPD und SPD gegenseitig im Reichstag beschuldigen das größte Problem, die hohe Arbeitslosigkeit nicht in den Griff zu bekommen, wird die NSDAP im Rechten Flügel seit Mitte der 20er Jahre immer stärker. Durch die Weltwirtschaftskrise(1929) versuchen die sozialdemokratischen Parteien mit so genannten „Notverordnungen" der Lage Herr zu werden. Dadurch werden allerdings weite Teile der Verfassung außer Kraft gesetzt, was es den Nationalsozialisten erheblich erleichtert an die Macht zu kommen.[1]
Aus der Uneinigkeit und der offenbaren Unfähigkeit der großen Parteien, die Probleme im Land zu lösen, erklärt sich auch die Bereitschaft der Bevölkerung, den Nationalsozialisten eine Chance zu geben.
Nach der Machtergreifung 1933 schafft es Hitler durch geschickte Außenpolitik, das europäische Ausland immerhin sechs Jahre lang zu blenden. Trotz des Ausstiegs aus dem Völkerbund und das Verlassen der Genfer Abrüstungskonferenz, der Annexion der Tschechoslowakei und des „Anschlusses" Österreichs, geling es Hitler das Ausland zum Stillhalten zu bewegen. Mit dem Nichtangriffspakt zwischen Deutschland und der Sowjetunion 1939, sichert sich Hitler noch Rechtzeitig für seine „Zukünftigen" Vorhaben ab. Innenpolitisch werden sofort nach der Machtergreifung sämtliche politischen Gegner Ihres Amtes enthoben, inhaftiert oder gar exekutiert.
Und tatsächlich gelingt den Nationalsozialisten das, woran alle anderen Parteien zuvor gescheitert waren. Von ca. 4,8 Millionen Arbeitslosen 1933, gelingt es Ihnen das Land bis 1939, ca.118.000 Arbeitslose, in die Vollbeschäftigung zu führen.[2]

---

[1] vergl. Sabine Hering, Richard Münchmeier; Geschichte der Sozialen Arbeit S. 113 – 117
(Im Folgenden Zitiert als Hering/Münchmeier a.a.O. S.....)
[2] vergl. David Kramer in Rolf Landwehr, Rüdeger Baron; Geschichte der Sozialen Arbeit S. 174 (Aus: Statistisches Jahrbuch für das deutsche Reich 1939/40, Berlin,1940 S. 389) (Im Folgenden Zitiert als Landwehr/Baron, a.a.O. S....)

Das der Preis dafür Arbeitsbeschaffungsmaßnahmen, enorme Rüstungsinvestitionen und eine Beispiellose Staatsverschuldung sind, wird der Bevölkerung so gut es geht vorenthalten.
Weiterhin findet seit 1933 eine immer intensivere Ausgrenzung und Diskriminierung deutscher Juden, aber auch von Sinti und Roma, so genanten Zigeunern, Homosexuellen und Behinderten statt. Die Novemberpogrome 1938 sind der Übergang zu einer systematischen Verfolgung und Deportierung der Juden, die 1941 in den Holocaust, der Vernichtung aller Juden und oben genannten Bevölkerungsgruppen im nationalsozialistischen Machtbereich mündet.
Mit dem Überfall auf Polen 1939 stürzt Deutschland große Teile der Welt in einen Krieg, der nach fünfeinhalb Jahren ca. 55 Millionen Menschen das Leben kosten wird, und praktiziert darüber hinaus mit ca. sechs Millionen toten Juden den größten Genozid an eine ethnische Minderheit der Geschichte.[3]

2. Die Lage der Klientel

Nach der Machtübernahme gelingt es der NSDAP innerhalb von wenigen Jahren das Problem der Arbeitslosigkeit zu bekämpfen. Dies führt zunächst zu einer erheblichen Entlastung der öffentlichen Fürsorge. Doch die Bekämpfung der Arbeitslosigkeit gelingt nur durch eine komplette Neuorganisation des Arbeitsmarktes in Form von Hochsubventionierten Beschäftigungsprogrammen, der Wiederaufrüstung und Einführung der allgemeinen Wehrpflicht auf der Basis einer enormen Staatsverschuldung.
In der, ihrer Meinung nach, zu großzügig Bemessenen öffentlichen Fürsorgeunterstützung sehen viele Nationalsozialisten eine wesentliche Ursache der sozialen Probleme. Und zwar sehen die Nationalsozialisten ein grundsätzliches Problem in der Verteilung der Mittel. Nach der kurzfristigen Entlastung der öffentlichen Fürsorge, gerät diese zunehmend unter Druck. Innerhalb nur weniger Jahre wird die Wohlfahrtshilfe um mehr als 2/3 auf 4 Millionen Reichsmark gekürzt, während im gleichen Zeitraum die Zahl der Wohlfahrtserwerbslosen „nur" um etwa 50% zurückgeht.[4]
Es geht nicht mehr um das Individuum, sondern die Wohlfahrtspflege soll sich am Volksganzen orientieren.
„Die Arbeitslosigkeit wird nicht beseitigt, weil sie für den einzelnen ein Unglück bedeutet, sondern, weil der einzelne vom Staat gebraucht wird." [5]
Das heißt, der Staat unterstützt langfristig nur die starken und leistungsfähigen Mitglieder der Gesellschaft. So sieht die nationalsozialistische Volkswohlfahrt vor, die Ursachen der Hilfsbedürftigkeit dadurch zu bekämpfen, indem man auf der Grundlage der erbbiologischen und rassenhygienischen Orientierung eine Befürsorgung „Minderwertiger" auf ein Mindestmaß zu reduziert bzw. ganz ablehnt.
In der Folge werden die Menschen in Deutschland erfasst und in bestimmte Kategorien, nach rassisch rein und erbgesund bis hin zu lebensunwert eingeteilt.
Es wird davon ausgegangen, dass „Der Deutsche", seine sozialen Probleme, sofern diese der Staat nicht schon längst beseitigt hat, grundsätzlich selbst lösen kann. Ist er dazu nicht in der Lage, so stellt sich die Frage, ob er vielleicht „lebensuntüchtig", und demnach überhaupt „lebenswert" ist.
Die Lage der Frau verändert sich unter dem Nationalsozialismus insofern, als das sie vom regulären Arbeitsmarkt weitestgehend verdrängt wird. Die Staatsführung hat nämlich für die Frau einen anderen „Aufgabenbereich" ausersehen. Sie wird als Mutter gebraucht und soll möglichst zahlreichen, „rassisch reinen" Nachwuchs gebären. Als verlängerter Arm des

---

[3] vergl. Hering/ Münchmeier; a.a.O. S. 159 f.
[4] Aus: Deutschland – Berichte der Sozialdemokratischen Partei Deutschlands. Nachgedruckt, 7 Bde, 1934 – 40. Salzhausen – Frankfurt/M. 1980 S. 640 in Landwehr/Baron, a.a.O. S. 177
[5] Hering/ Münchmeier; a.a.O. S. 161

Staates fällt ihr zudem die Versorgung und Erziehung der Kinder zu. Mit Ausbruch des Krieges werden sie zudem in der Landwirtschaft und in den Fabriken dienstverpflichtet, da die Männer nun an der Front gebraucht werden. Die Frauen müssen jetzt also nicht nur die Kinder großziehen, sondern auch noch die Wirtschaft des Landes in gang halten, und zudem nicht selten die eigenen Eltern Versorgen.

Selbst die Kinder werden nicht ausgenommen von der Funktionalisierung der Familie für den Staat. So früh wie möglich werden sie in Massenorganisationen wie der Hitlerjugend (HJ) oder dem Bund deutscher Mädel (BDM) eingesetzt, um dem Staat zu dienen.

Die jüdische Bevölkerung leidet nach der Machtergreifung der Nationalsozialisten zunehmend unter starken Repressalien. Durch Berufsverbote, Kaufboykotte, Enteignungen und Beschäftigungsverbote versucht die NS – Regierung die jüdische Bevölkerung in die Emigration zu zwingen.

Doch ist dieses politische Ziel der Verdrängung durch Ausgrenzung kontraproduktiv, da die Regierung durch die scharfen Maßnahmen immer mehr Klientel schafft. Für die Juden, die nicht vor 1933 oder wenigstens kurz nach der Machtergreifung ins Ausland emigriert sind, ist es schon bald nicht mehr möglich das Land zu verlassen, da sie völlig verarmt sind.

Mit den Novemberprogromen 1938 nähert sich die NS – Regierung dem Höhepunkt der Konsequenten Ausgrenzung. Durch Sonderverordnungen, Ausgangsverboten und das tragen des Davidsterns werden die Juden in Deutschland immer weiter stigmatisiert. Mit dem Beginn der „Endlösung der Judenfrage" und deren Massendeportationen in die Vernichtungslager achten die zuständigen Ämter besonders darauf, dass die jüdischen Empfänger von Wohlfahrtsdienstleitungen als erstes ausgewählt werden, um so jede weitere Frage von Unterhaltsansprüchen überflüssig zu machen.

Prekär ist auch die Lage der Zwangsarbeiter, die überwiegend aus den von der Wehrmacht besetzten östlichen Ländern nach Deutschland geschafft werden. Als „Untermenschen" sollen für sie einerseits die deutschen Rechtsansprüche nicht gelten, andererseits besteht eine staatliche Fürsorgepflicht gegenüber allen in Deutschland beschäftigten Menschen.

Für die deutsche Bevölkerung ändert sich die Soziale Lage erst entscheidend mit dem Kriegsausbruch 1939, und wird noch einmal verschärft mit der Bombardierung der Städte 1941. Die strengen Winter und die daraus resultierenden Ernteausfälle, sowie der zunehmend negative Kriegsverlauf machen eine immer stärkere Lebensmittelrationalisierung notwendig. Zudem wird die Heimat durch die alliierten Bombardierungen nun nicht mehr von den Kriegshandlungen ausgenommen und immer mehr zum Kriegsschauplatz. Gegen Ende des Krieges sind die meisten Familien auseinander gerissen, da die meisten Kinder zur Sicherheit aus den Städten evakuiert und auf dem Land untergebracht werden, fast alle Männer an der Front sind und die Frauen in den Städten ausharren.[6]

3. Sozialpolitik im Dritten Reich

Noch während der Weimarer Republik wird klar, dass die Kosten der laufenden Sozialpolitik so nicht mehr zu tragen sind. Die durch die Weltwirtschaftskrise entstandene Massenarbeitslosigkeit, schwächt die Gewerkschaften und stärkt entsprechend die Arbeitgeber.

Die Arbeitszeiten werden kontinuierlich verlängert, und die sozialen Absicherungen der Arbeitnehmer, sind nach Meinung der Unternehmer nicht mehr zumutbar. Vor allem die erst 1927 eingeführte Arbeitslosenversicherung steht im Fokus der Kritik. War das System der Sozialversicherung Kernelement des Weimarer Wohlfahrtsstaates, so beschleunigt es nun den Untergang der ersten deutschen Demokratie. Denn ein Wohlfahrtsstaat wie die Weimarer

---

[6] vergl. Hering/ Münchmeier a.a.O S. 160 ff.

Republik setzt einen Funktionierenden Arbeitsmarkt voraus, doch dieser zerbricht nun Rapide.
Die soziale Arbeit ist hier von der Masse der unverschuldet Arbeitsfähigen und Arbeitswilligen Menschen finanziell aber auch moralisch überfordert.
Mit der Weltwirtschaftskrise, also schon Jahre vor der Machtergreifung der Nationalsozialisten, beginnt eine umfassende sozialpolitische Demontage, welche sowohl die Kürzung der materiellen Leistungen, aber auch die Einschränkung der Rechtsposition der Bezugsberechtigten beinhaltet. So sieht schon Ende der 20er Jahre, Wilhelm Polligkeit, der Vorsitzende des deutschen Vereins für öffentliche und Private Fürsorge, dass der Staat die Pflicht der Selbsthilfe,- und Verantwortung des Einzelnen im Auge behalten müsse.[7]
Die Sozialpolitik der Nationalsozialisten knüpft also an eine Entwicklung an, die lange vor 1933 begonnen hatte. Zog sich der Staat vor 1933 immer stärker aus der Verantwortung für den einzelnen Bürger zurück, so kam es nun zu einer grundsätzlichen Neuorientierung der Sozialpolitik. Arbeitspolitik und Rassenhygiene sollen sich zu einer positiven Gesellschaftspolitik verbinden. „Minderwertige" Menschen sollen nun nicht mehr aufwendig gepflegt und versorgt werden, während viele Arbeitslose hungern müssen. Stattdessen soll durch Sterilisation und Schwangerschaftsabbruch von vornherein verhindert werden, dass „Minderwertiges Leben" entsteht. Das so eingesparte Geld kann der Staat dann für die gesunden, fleißigen und tüchtigen verwenden.
Das Hitler eine „Hochwertige Rasse züchten" wollte hatte er schon Jahre zuvor in seinem Buch „Mein Kampf" angekündigt. *„Was wir heute an menschlicher Kultur, an Ergebnissen von Kunst, Wissenschaft und Technik vor uns sehen ist nahezu ausschließlich schöpferisches Produkt des Ariers..."*[8]
Dem Arier steht nach Hitler als krasser Gegenpol „der Jude" gegenüber, dem keinerlei Kulturbildende Kraft zukommt, und als Parasit gesehen wird. Es besteht daher die ständige Gefahr, dass die „Hochwertige deutsche Rasse" sich mit „minderwertigen Rassen" vermischt. Weiter sieht Hitler die zentrale Aufgabe des Staates darin, die Reinhaltung der Rasse aufrecht zu erhalten. *„Was auf diesem Gebiete heute von allen Seiten versäumt wird, hat der völkische Staat nachzuholen. Er hat die Rasse in den Mittelpunkt des allgemeinen Lebens zu setzen. Er hat für ihre Reinhaltung zu sorgen."*[9] Wobei hiermit auch die „Ausrottung der kranken und schädlichen Elemente" aus den eigenen Reihen gemeint ist.
Sozialpolitik im Nationalsozialismus ist also vorrangig, Bevölkerungs- und Rassenpolitik. Die nationalsozialistische Sozialpolitik fokussiert nicht die Unterstützung des hilfsbedürftigen Individuums, sondern die Stärkung des „Volkskörpers" ist hier oberstes Ziel. Die Bedürfnisse des Individuums werden den Interessen der Volksgemeinschaft untergeordnet. *„Nicht der Einzelne ist mehr oberste soziale Wertgröße, sondern die Gemeinschaft, das Volk, das als eine natürliche blutgebundene Einheit empfunden, als ein Lebewesen höherer Ordnung begriffen wird. Dadurch ergibt sich überall die veränderte Blickrichtung, in die sämtliche Einzelfragen der Sozialpolitik hineingestellt werden."*[10] In der Konsequenz bedeutet das, Verhinderung der Fortpflanzung bis hin zur Tötung „Minderwertigen" Lebens zur Volksgesundung.
Auch wird die Volkssolidarität umgekehrt. Die Gesamtheit der Gesellschaft unterstützt nicht mehr den einzelnen, sondern der einzelne Bürger soll zurückstehen, gegenüber erbbiologisch wichtigeren Mitgliedern der Gesellschaft.
Die Sozialpolitik der Nationalsozialisten wird insgesamt durch die rassistischen Wahnideen Hitlers enorm aufgewertet, allerdings wird durch die permanente Auslese „unwerter"

---

[7] vergl. Christoph Sachse, FlorianTennstedt; Der Wohlfahrtsstaat im Nationalsozialismus S. 46, (im Folgenden zitiert als Sachse/Tennsted a.a.O. S...)
[8] Aus Adolf Hitler; „Mein Kampf" S.317, in Sachse/Tennstedt a.a.O. S.49
[9] Aus Adolf Hitler; „Mein Kampf" S.446, in Sachse/Tennstedt a.a.O. S.50
[10] Mende, Franz: Stichwort: Sozialpolitik, in Althaus/Betcke 1939, Sp 980 – 987 in Sachse/Tennstedt a.a.O. S. 52

Menschen, und die völlige Konzentration auf die Heilung des „Volkskörpers" zur Erhaltung einer „Hochwertigen" Rasse, das hilfsbedürftige Individuum völlig außer Acht gelassen.[11]

3.1 Familienpolitik während des Nationalsozialismus

Wie es Adolf Hitler in seinem Buch „Mein Kampf" schon Jahre zuvor angekündigt hatte, wird die Familienpolitik im Nationalsozialismus zum Mittelpunkt der Bevölkerungspolitik. Familie und Ehe gehören nicht mehr zur Privatsphäre, sondern werden politisch vereinnahmt. Familie ist nicht mehr Selbstzweck, sondern Dienst am Volk. Um das große Ziel, der Vermehrung, Erhalt der Art und Rasse zu erreichen, werden „erbgesunde" und „fortpflanzungswillige" Familien besonders unterstützt. Mit Familienentlastenden und – ergänzenden Dienstleistungen, sowie Sach- und Geldleistungen wird versucht Einfluss auf den Kinderreichtum der Familien zu nehmen. So soll jede Familie möglichst vier Kinder oder mehr haben. Mit einem Familienlastenausgleich, der Unabhängig von Bedürftigkeit war, will man die Geburtenfreudigkeit gerade bei Besserverdienenden Familien anreizen.

Ab 1934 wird durch die Gewährung von Ehestandsdarlehen, welches durch eine Sondersteuer für Ledige finanziert werden soll, arbeitsmarkt- und bevölkerungspolitische Ziele verfolgt. Es sollen weibliche Arbeitsplätze freigemacht werden, und jungen Leuten eine frühe Eheschließung ermöglicht werden. Von dem Darlehen, welches auf 1000 Reichsmark begrenzt ist, sollen Möbel und Hausrat angeschafft werden. Für jedes geborene Kind wird die Rückzahlung des Darlehens um ¼ gesenkt, sodass, wie bevölkerungspolitisch gewollt, nach dem vierten Kind die Restschuld getilgt ist. Weiter gibt es neben steuerlicher Kinderermäßigung eine einmalige Kinderbeihilfe von maximal 100 RM pro Kind. Ab 1936 kommt noch eine laufende Kinderbeihilfe von 10 RM pro Monat für das fünfte und jedes weitere Kind hinzu. Sämtliche Unterstützungen stehen allerdings nur „rassisch reinen" Familien zur Verfügung. Der „asozialen Großfamilie" wird die Hilfe verweigert, soll sie doch nach Möglichkeit auf Ehe- und Familiengründung verzichten.[12]

3.2 Entwicklung der Jugendhilfe

Noch resultierend aus der Weltwirtschaftskrise, ist die Fürsorge für Jugendliche zu Beginn des „Dritten Reiches" vor allem durch die große Jugendarbeitslosigkeit geprägt. So sind nach einer Studie der NSDAP 1933 knapp 70% der arbeitslosen jungen Menschen in der Altersgruppe der 20-25 jährigen. Dieser Zustand führt bei den Jugendlichen und jungen Erwachsenen zu einer ständigen Unsicherheit und Perspektivlosigkeit. Obdachlosigkeit, Kriminalität und Prostitution nehmen bei den jungen Menschen erheblich zu. Die Maßnahmen der Jugendämter beschränken sich in der Regel auf Umschulungen und Fortbildungen. Die drastischen Sparmaßnahmen lassen den Bezirksfürsorgeverbänden immer weniger Raum, die jungen Menschen zu unterstützen. So sinken die finanziellen Mittel von etwa 22. Mio. RM 1930/31 auf gut 14 Mio. RM im Jahr 1932/33. Unter dem enormen Druck, die knappen finanziellen Mittel effizient einzusetzen. Aber auch, durch zeitgenössische Publikationen, die das Misstrauen gegen „Minderwertige" und „Asoziale" schürten, wird im Bereich der Fürsorgeerziehung (FE) nach Möglichkeiten gesucht, die Resozialisierung schwieriger Jugendlicher kostengünstiger zu gestalten. Noch Ende 1932 wird dadurch in den Erziehungsanstalten der FE durch eine Notverordnung entschieden, dass „Nichterziehbare" Jugendliche aufgrund geistiger oder seelischer Defekte, bei denen jede erzieherische Beeinflussung aussichtslos erscheint entlassen werden können. Diese Notverordnung ist von besonderer Bedeutung, da hiermit der Grundzug nationalsozialistischer

---

[11] vergl. Sachse/Tennstedt a.a.O. S. 45 - 54
[12] Sachse/Tennstedt a.a.O. S.177-182

Fürsorgepolitik schon vor 1933 gelegt wird. Die Integrationspolitik der Reformpädagogen weicht nun zugunsten einer Politik der Ausgrenzung.[13]

Nach 1933 wird der gesamte Bereich der Jugendhilfe tief greifend Umstrukturiert. Die Erziehung spielt in der NS Ideologie eine zentrale Rolle, und rückt somit in den Vordergrund der NS - Gemeinschaftspolitik.

„*Das Wesentliche ist die innere Umstellung der Menschen, der Volksgenossen, des Volkes! Und das ist eine politische Aufgabe!...Es ist eine so tiefgreifende und vollkommene Umstellung, dass der Erwachsene ihrer gar nicht mehr fähig ist. Nur die Jugend kann umgestellt werden, neu eingerichtet werden und ausgerichtet auf den sozialistischen Sinn der Verpflichtung der Gemeinschaft gegenüber.*"[14]

Bei der Erziehung im Nationalsozialismus geht es nicht um die Verwirklichung individueller Ansprüche, sondern um die Unterordnung unter die Ziele der Volksgemeinschaft. Den Nationalsozialisten war klar, wem die Jugend gehört, dem gehört auch die weitere Zukunft des Landes. In einem regelrechten Erziehungsfanatismus wird daran gearbeitet, die Jugend Deutschlands „gleich zu schalten". Ab 1936 wird per Gesetzeserlass die gesamte deutsche Jugend in der Hitlerjugend (HJ) zusammengefasst, und dieser Organisation faktisch ein Monopol auf die gesetzliche Jugendfürsorge- und Pflege gegeben. Die HJ wird so zur staatlichen Zwangsorganisation und untersteht zunächst der Sturmabteilung (SA) Hitlers. In den folgenden Jahren setzt Baldur von Schirach, dem Hitler eine Leitung der HJ übertragen hatte, konsequent seinen Monopolanspruch mit der HJ als maßgeblicher Jugendorganisation durch. Dazu werden sämtliche anderen Jugendorganisationen wie die Landjugend, Sportjugend, katholische Jugendverbände oder der Jugend der deutschen Arbeiterfront (DAF) aufgelöst, eingegliedert oder schlicht verboten. Damit wird die HJ von einer anfänglich unbedeutenden Organisation, bis 1939 mit 8 Mio. Mitglieder, zur größten Jugendbewegung im deutschen Reich. Ab 1939 gibt es eine Dienstpflicht in der HJ für alle 10 – 18 Jährigen. Mit §1 der Jugenddienstverordnung wird der HJ die öffentlich – rechtliche Erziehungsgewalt für alle Jungen und Mädchen der HJ übergeben, und untergräbt damit das elterliche Erziehungsmonopol immer stärker.

Insgesamt ist die Entwicklung der Jugendhilfe während des Nationalsozialismus stark geprägt durch das rassenhygienische Gedankengut der Nazis und deren „Aufartungsprogramme", die die Leistungen für „Wertvolle" und „Artgesunde" Kinder und Jugendliche Ausweiten, anderseits aber die „Minderwertigen" und „Asozialen" immer stärker ausgrenzen.[15]

3.3 Euthanasie – „Hilfe für die Starken"

Die Entwicklung der nationalsozialistischen Ideologie hin zur Euthanasie beginnt schon 1933, mit dem Gesetz zur Verhütung erbkranken Nachwuchses. Ziel soll es sein, durch gezielte Schwangerschaftsabbrüche, Sterilisationen und später auch Vergasungen, eine „Rassenhygiene" zur „Aufnordung" des deutschen Volkes durchzuführen.

Durch Unterstützungsmaßnahmen von „rassisch erwünschten" Bevölkerungsteilen in Form von Steuererleichterungen, Kinderbeihilfen oder Ehestandsdarlehen einerseits, und der Vernichtung von „Lebensunwertem Leben" andererseits, wollen die Nationalsozialisten die „Gesundung des deutschen Volkskörpers" erreichen.

Betroffen sind, körperlich und geistig behinderte, psychisch kranke, „rassisch unerwünschte" ethnische Gruppen wie Sinti und Roma, aber auch „sozial unerwünschte" Menschen wie Langzeitarbeitslose, kriminelle oder Alkoholkranke.

Rassenhygieniker, die es nicht nur bei den Nationalsozialisten, sondern in allen politischen Parteien und auch im Ausland gibt, fordern, nicht nur die Heilung des „Einzelkörpers",

---

[13] Sachse/Tennstedt a.a.O. S.150-154
[14] Hitler im September 1930 zitiert nach Zitelmann 1987, S. 186, in Sachse/ Tennsted a.a.O. S. 154
[15] Sachse/Tennstedt a.a.O. S. 150-166

sondern des „Volkskörpers". Auch werden die Kosten für die Fürsorge in Zeiten der Massenarbeitslosigkeit als besonders widersinnig gesehen.[16]
Die Rolle der Fürsorgerinnen und Fürsorger ist hier sehr problematisch, da sie als Bindeglied zwischen Staat und dem Klientel bei der Erfassung und Auslieferung der Opfer auf jeden Fall mitgewirkt haben.
Fürsorge soll von nun an als „Rassenhygiene" gesehen werden. Der bisherige Grundsatz der Fürsorgearbeit, dass jedem ein menschenwürdiges Dasein zusteht, wird von den Nationalsozialisten aufgehoben.
Der Leitgedanke bestimmten Bevölkerungsgruppen die Existenzberechtigung abzusprechen formuliert Adolf Hitler in seinem Buch „Mein Kampf" folgendermaßen:
„Es ist eine Halbheit, unheilbar kranken Menschen die dauernde Möglichkeit einer Verseuchung der übrigen gesunden zu gewähren. Es entspricht dies einer Humanität, die um dem einen nicht weh zu tun, hundert andere zugrunde gehen läßt. Die Forderung, daß defekten Menschen die Zeugung anderer ebenso defekter Nachkommen unmöglich gemacht wird, ist eine Forderung klarster Vernunft und bedeutet in ihrer planmäßigen Durchführung die humanste Tat der Menschheit. Sie wird Millionen von Unglücklichen unverdiente Leiden ersparen, in der Folge aber zu einer steigenden Gesundung überhaupt führen."[17]
Da die Nationalsozialisten Auseinandersetzungen mit der katholischen Kirche, und Proteste aus der Bevölkerung vermeiden wollen wird ab 1935 überlegt Zwangssterilisationen bewusst illegal durchzuführen, was dann auch ab 1937 geschieht.
1939 autorisiert Hitler das „Euthanasieprogramm", dessen Ziel es war, unheilbar Kranken, Behinderten oder in anderer Weise Missgebildete Kinder und Erwachsene bei Kritischster Beurteilung von drei verschiedenen Ärzten, die ihre „Klienten" nicht gesehen haben mussten, den bei der Bevölkerung euphemistisch als „Gnadentod" propagierten Tod zu gewähren.
Dazu wurden ab 1939 alle Ärzte, Hebammen und Gesundheitsämter verpflichtet, Missgestaltete Neugeborene und später entsprechende Kinder bis zum alter von drei Jahren dem extra für diese Zwecke gegründeten Reichsausschuss zu melden.
Bis zum Ende des Krieges sind dadurch etwa 3000 Kinder überwiegend durch Kohlenmonoxid umgebracht wurden.
Obwohl alle Beteiligten zur Geheimhaltung verpflichtet waren, ließ sich nicht verhindern, dass das „Euthanasie – Programm" Publik wurde, was dann 1941 zur offiziellen Einstellung führte, inoffiziell aber bis kurz vor Kriegsende weitergeführt wurde.
Nach Schätzungen wurden insgesamt bis zu 300.000 Menschen durch dieses „Programm" getötet.[18]

4. Soziale Arbeit im 2. Weltkrieg

Schon einige Jahre vor Kriegsbeginn werden die Investitionen des Staates in die Rüstung massiv verstärkt, womit der Staat nun entscheidend die Wirtschaft in Deutschland lenkt. 1938 sind die Ausgaben für die Rüstung mit 15,5 Mrd. RM fast dreimal so hoch wie die für öffentliche Investitionen. Diese enormen Investitionen führen gegen Ende der 30er Jahre zur vollständigen Auslastung der Produktionskapazitäten und zu Vollbeschäftigung. In dem Zeitraum von 1936 bis 1938 steigen sogar die Löhne um etwa 12%. In der Folge kommt es zu einer Arbeitskräfteknappheit in der über 1,2 Mio. Arbeitskräfte fehlen. Mit Kriegsbeginn wird diese Krisenhafte Situation noch erheblich verschärft. So werden 1939 durch Einberufungen, der Wirtschaft mit einem Schlag weitere 1,4 Arbeitskräfte entzogen, womit die Beschäftigungszahl noch mal um 20% zurückgeht. Durch diesen Zustand entschließt sich die Staatsführung komplementär zu dem ab 1933 propagierten Rückzug der Frauen aus dem

---
[16] Sachse/ Tennsted a.a.O. S. 97- 105
[17] Aus Adolf Hitler, „Mein Kampf", 1933, S. 279f. In Landwehr/Baron, a.a.O. S. 182
[18] Landwehr/Baron, a.a.O. S.180 - 184

Berufsleben, nun verstärkt um den Einsatz der Frauen im Beruf zu werben. Im weiteren Kriegsverlauf werden dann die Frauen zum Arbeitsdienst verpflichtet, da bis Ende 1944 der Arbeitkräfteentzug durch Einberufungen auf das neunfache des Umfangs von 1939 steigt. Es wird nun versucht den Arbeitskräftemangel durch Zwangsarbeit der Bevölkerung in den Besetzten Gebieten zu kompensieren. Die Zwangsarbeiter müssen generell unter wesentlich schlechteren Bedingungen Arbeiten als deutsche Bürger.[19] Die rassistische Diskriminierung der NS-Diktatur wird so auch großen Teilen der deutschen Bevölkerung bewusst, und von staatlicher Seite folgendermaßen erklärt:
„Es ist unser Schicksal, zu einer hoch stehenden Rasse zugehören. Eine tieferstehende Rasse braucht weniger Raum, weniger Kleider, weniger Essen und weniger Kultur als eine hochstehende Rasse."[20] Die Ausbeutung der von der Wehrmacht besetzten Gebiete macht den Krieg zunächst für einige Teile der deutschen Bevölkerung zu einem lohnenden Geschäft. Doch ab 1943 findet der Krieg nun erstmals auch auf deutschem Boden statt. Durch die alliierten Luftangriffe werden in den letzten Kriegsjahren etwa 10 Mio. Menschen obdachlos, was zum Zusammenbruch der Versorgung mit Wohnraum führt. Der Wohnraumverlust, aber auch die Nahrungsmittelnot und die Evakuierung der Flüchtlinge stellt die Wohlfahrtspflege vor eine Unlösbare Aufgabe. Viele Städte waren zu 50% und mehr zerstört, ebenso die gesamte Infrastruktur im Land. Angesichts dieser großen Not bleibt den wenigen Mitarbeitern der Wohlfahrtspflege, die nicht zum Arbeitsdienst herangezogen werden, oder selbst geflohen sind, nur die Möglichkeit die Katastrophe ansatzweise zu verwalten.

5. Fazit

Die Wohlfahrtspflege wurde während des Dritten Reiches wesentlich aufgewertet, stand sie doch im Mittelpunkt nationalsozialistischer Sozialpolitik. Doch ging es hier nicht um die Unterstützung des hilfebedürftigen Individuum und dessen Integration in die Gesellschaft, sondern um einen rassenbiologischen Wahn, mit dem Ziel das gesamte deutsche Volk „Aufzuarten". Alle Menschen, die in das System des „Erbgesunden" oder arischen „Volkskörpers" nicht hineinpassten wurden zunehmend konsequent ausgegrenzt, verfolgt, eingesperrt und später sogar umgebracht. Interessant ist hier allerdings die Tatsache, dass der rassenbiologische Gedanke, in den 20er und 30er Jahren in allen deutschen Parteien, und sogar Europaweit diskutiert wurde. Schließlich wurden dann ja auch neben Deutschland, Spanien und Italien faschistisch. Ich bin der Meinung, dass es den Nationalsozialisten nicht um eine gute Sozialpolitik ging, sondern um einen Utopischen Wahn von einer „Herrenrasse". Die Zeichen standen von Beginn der Machtübernahme an ganz klar auf Krieg, territorialer Expansion und ethnischer Säuberung. Das hatte Hitler schon viele Jahre zuvor in seinem Buch „Mein Kampf" angekündigt. Meines Erachtens wurde der Begriff der Wohlfahrtpflege während des NS – Zeit missbraucht, da immer stärker klar wurde, dass wirklich hilfsbedürftige und schwache Menschen im NS – Staat eben keine Hilfe bekommen haben, sondern ganz im Gegenteil ausgegrenzt, stigmatisiert, verfolgt und am Ende sogar getötet wurden. Während der Recherche zu dieser Arbeit ist mir oft der Gedanke gekommen, was wäre wenn der Krieg länger gedauert hätte, oder schlimmer noch anders ausgegangen wäre. Ich bin sicher, dann hätte es innerhalb weniger Jahre keine Wohlfahrtspflege mehr bedurft, denn alle Menschen die nicht zur „nordischen Herrenrasse" gehörten, wären über kurz oder lang vertrieben oder umgebracht worden.
In den Vorlesungen der Sozialpolitik hat uns Herr Welter im letzten Jahr vorgerechnet, dass jeder Euro der in die Soziale Arbeit investiert wird, letztendlich das Fünffache an Einsparungen für den Staat bedeutet. Der Staat sollte also investieren in die Forschung, und

---

[19] Sachse/Tennstedt a.a.O. S. 209-216
[20] Von Robert Ley, aus Zitat nach Zumpe 1980, S.356 in Sachse/Tennstedt a.a.O. S. 216

die Ausbildung der Sozialarbeiter, um so langfristig sehr viel Geld sparen zu können. Mit langfristig meine ich 10 Jahre und mehr. Günstiger/Ungünstigerweise hat eine Legislaturperiode aber nur vier Jahre, wobei ich oft den Eindruck habe, dass langfristige Investitionen z.B. in Schuldenabbau, Erziehung oder Sozialarbeit eher weniger populäre Themen sind, da es höchst zweifelhaft ist, ob man selbst oder die eigene Partei nach solch einem Zeitraum noch an der Regierungsbildung beteiligt ist.

Insgesamt denke ich, ist die Soziale Arbeit dennoch auf einem guten Weg. Es wird weniger blind interveniert, sonder immer häufiger mit Empowerment gearbeitet. Menschen die hilfsbedürftig sind und schwerste Störungen/Beeinträchtigungen haben oder schwere Verbrechen begangen haben, werden in unserer Gesellschaft von der Sozialen Arbeit unterstützt, und nicht etwa, wie ich es in Punkt 3.2 meiner Arbeit beschrieben habe einfach entlassen. Wenn die Sozialwissenschaften jetzt noch vom aktuellen wirtschaftlichen Aufschwung partizipieren könnten, wäre das sicher ein weiterer Schritt in die richtige Richtung.

Abkürzungsverzeichnis

BDM	Bund Deutscher Mädel
DAF	Deutsche Arbeitsfront
FAD	Freiwilliger Arbeitsdienst
FE	Fürsorgeerziehung
HJ	Hitlerjugend
KPD	Kommunistische Partei Deutschlands
Mio.	Millionen
Mrd.	Milliarden
NS	Nationalsozialisten
NSDAP	Nationalsozialistische Partei Deutschlands
RM	Reichsmark
SA	Sturmabteilung
SS	Schutzstaffel
SPD	Sozialdemokratische Partei Deutschlands

Literaturverzeichnis

Baron Rüdeger, Landwehr Rolf; Geschichte der Sozialarbeit, Hauptlinien ihrer Entwicklung im 19. und 20. Jahrhundert; Beltz 1983

Hering Sabine, Münchmeier Richard; Geschichte der Sozialen Arbeit, Eine Einführung; Juventa 2000

Sachse Christoph, Tennsted Florian; Der Wohlfahrtsstaat im Nationalsozialismus; Geschichte der Armenfürsorgen in Deutschland, Kohlhammer 1992